AF454774

ÉDIT DU ROI,

*Portant suppression des offices de Tréſoriers généraux de l'Artillerie
& des Fortifications, réservés en deux Corps d'Offices diſtincts
par les articles XIII & XIV de l'édit du mois de décembre
1716 : Et création en titre d'Office formé, de deux, l'un ancien
& l'autre alternatif, Tréſoriers généraux de l'Artillerie &
du Génie.*

Donné à Verſailles au mois de Mars 1758.

Regiſtré en Parlement, Chambre des Comptes & Cour des Aides.

L OUIS, PAR LA GRACE DE DIEU, ROI DE
FRANCE ET DE NAVARRE : A tous préſens &
à venir; SALUT. La charge de Grand-Maître &
Capitaine général de notre Artillerie étant devenue
vacante par la démiſſion que notre très-cher & très-
amé Couſin le Comte d'Eu, en a faite en nos mains, nous avons
pris l'adminiſtration des divers corps de l'Artillerie ; & ayant jugé
utile au bien de notre ſervice de réunir dans un ſeul & même
corps l'Artillerie & le Génie, il nous a paru également avan-
tageux & du bon ordre de nos finances, de raſſembler entre les

A

mains d'un feul Tréforier les différens objets de dépenfes qui ont rapport aux détails, tant de l'Artillerie que du Génie, pour le fervice de terre, lefquels détails font confidérables, & ont jufqu'ici été divifés entre le Tréforier de l'Extraordinaire des guerres, celui de l'Artillerie, & celui des Fortifications; d'en diftraire tout ce qui concerne les Fortifications de mer, côtes maritimes, ports & havres, dont par nos édits de décembre 1716 & juin 1717, nous avions confondu le maniement avec celui des Fortifications des places de terre. C'eft par ces motifs que nous nous fommes déterminés à fupprimer les charges de Tréforiers de l'Artillerie & des Fortifications, pour créer deux nouveaux offices, fous le titre de Tréforiers généraux de l'Artillerie & du Génie, en nous réfervant de pourvoir, ainfi que nous le jugerons à propos, à l'exercice des fonctions de Tréforier defdites Fortifications des places de mer, côtes maritimes, ports & havres. A CES CAUSES, & autres à ce nous mouvant, & de notre certaine fcience, pleine puiffance & autorité royale, nous avons par notre préfent édit perpétuel & irrévocable, dit, ftatué & ordonné; difons, ftatuons & ordonnons, voulons & nous plaît ce qui fuit :

ARTICLE PREMIER.

AVONS éteint & fupprimé, à compter du premier du mois de janvier 1756, les offices de Tréforiers généraux de l'Artillerie & des Fortifications des places de terre & de mer, côtes maritimes, ports & havres, que nous avions réfervé en deux corps d'offices diftincts, par les articles XIII & XIV de notre édit du mois de décembre 1716, & dont nous avions réglé les fonctions & les attributions par deux de nos édits du mois de juin 1717.

I I.

LIQUIDONS en conféquence, favoir ledit office de Tréforier général de l'Artillerie, à la fomme de quatre cens foixante mille livres, dont quatre cens mille livres pour la première finance d'icelui, conformément à l'un de nos édits de juin 1717 & à notre déclaration du 8 octobre 1726, & foixante mille livres depuis payées en vertu de notre édit du mois de décembre

1743;

1743 ; & ledit office de Tréforier des Fortifications des places de terre & de mer, côtes maritimes, ports & havres, à la fomme de cinq cens quatre-vingt mille livres, dont cinq cens mille livres pour la première finance, conformément au deuxième de nos édits de juin 1717, & quatre-vingt mille livres depuis payées en exécution de notre édit de décembre 1743 ; defquelles fommes de quatre cens foixante mille livres d'une part, & cinq cens quatre-vingt mille livres d'autre part, lefdits Tréforiers fup-primés feront, chacun en droit foi, remboursés par le Garde de notre Tréfor royal en exercice, favoir ; lefdites quatre cens foixante mille livres, de la manière qui fera ci-après expliquée, & lefdites cinq cens quatre-vingt mille livres, les deux tiers actuellement, & le furplus après l'appurement des comptes du dernier pourvû & de fes auteurs, avec l'intérêt à raifon du denier vingt dudit capital, tant qu'il fubfiftera en tout ou partie, à compter dudit jour premier janvier 1756, jufqu'au parfait rem-bourfement qui en fera fait, le tout en remettant par lefdits Officiers fupprimés audit Garde de notre Tréfor royal, avec leurs titres de propriété, leurs quittances de finance déchargées du contrôle, provifions & quittances de rembourfement, & juftifiant fur lefdites cinq cens quatre-vingt mille livres qu'il n'y a aucune faifie ni oppofition entre les mains du confervateur def-dites faifies & oppofitions en notredit Tréfor royal.

I I I.

AVONS créé & érigé, créons & érigeons en titre d'offices formés, deux nos Confeillers, l'un ancien & l'autre alternatif Tréforiers généraux de l'Artillerie & du Génie ; & nous avons fait choix, pour remplir ledit office d'ancien, de la perfonne du fieur Hocquart, pourvû de l'office de Tréforier général de l'Ar-tillerie, que nous avons fupprimé par l'article premier du préfent édit ; & avons difpofé dudit office alternatif en faveur du fieur Gabriel Michel : Et comme dès l'année 1756, nous avions commis par provifion ledit fieur Hocquart pour faire, à compter du premier janvier de ladite année, la recette & dépenfe comme auroit fait le Tréforier général de l'Artillerie & du Génie ; & que nous avions auffi commis par provifion ledit fieur Michel pour faire ladite recette & dépenfe pendant l'année 1757, nous avons validé & validons, en tant que befoin eft ou feroit, les recettes & dépenfes que lefdits fieurs Hocquart & Michel ont faites pendant lefdites années 1756 & 1757.

I V.

Avons réglé & fixé la finance de chacun defdits offices, à la fomme de fix cens mille livres, qui nous fera payée par chacun defdits deux nouveaux Tréforiers, & dans laquelle, quant audit office d'ancien, entrera le remboursement qui fera fait audit fieur Hocquart de la finance de fondit office fupprimé; à l'effet de quoi nous avons transféré & transférons fur la finance dudit office ancien de Tréforier général de l'Artillerie & du Génie, le privilége qui nous eft acquis fur les finances dudit office de Tréforier général de l'Artillerie, pour raifon des comptes dudit fieur Hocquart & de fes auteurs, jufqu'à l'entier & parfait appurement d'iceux, même les privilèges des créanciers particuliers dudit fieur Hocquart, fi aucuns y a, fur ledit office fupprimé, & dans le cas où lefdits créanciers auroient lieu d'en exercer, dont mention fera faite dans la quittance de finance qui lui fera expédiée par le Tréforier de nos revenus cafuels; & avons en conféquence fait pleine & entière main-levée des faifies & oppofitions qui pourroient être formées de la part du Contrôleur des reftes ou autres, au remboursement dudit office de Tréforier général de l'Artillerie.

V.

Lesdits Tréforiers pofféderont lefdits offices, & les exerceront, favoir, ledit fieur Hocquart fur les provifions que nous lui avons accordées pour ledit office de Tréforier général de l'Artillerie; à l'effet de quoi nous l'avons difpenfé & difpenfons par ces préfentes de fe faire pourvoir, recevoir & prêter nouveau ferment, à la charge par lui de faire regiftrer en notre Chambre des Comptes la quittance de finance qui lui fera expédiée pour ledit nouvel office, & que de notre préfent édit il fera, en notredite Chambre, fait mention fur les anciennes provifions dudit fieur Hocquart; & ledit fieur Michel fur les provifions dudit office, qui lui en feront expédiées en notre grande Chancellerie fur la quittance du Tréforier de nos revenus cafuels : Et avons, pour cette fois feulement, réduit & réduifons à moitié les droits

du Marc d'or & frais de provisions & reception dudit Tréforier
alternatif, ayant difpenfé & difpenfant ledit fieur Hocquart defdits
droits & frais, au moyen de ceux par lui ci-devant payés. Voulons même qu'au moyen de la finance que chacun d'eux doit
nous payer, ils ne puiffent être affujétis à fournir caution de leur
maniement en notre Chambre des Comptes : Voulons de plus,
que ceux qui prêteront leurs deniers pour l'acquifition defdits
offices, aient privilége fur iceux, dont mention fera faite dans les
quittances de finance, & que l'évaluation defdits offices demeure
fixée, comme nous la fixons, à la fomme de vingt mille livres,
fur le pied de laquelle fomme lefdits Tréforiers payeront l'an-
nuel & le prêt, & les droits dûs aux mutations.

V I.

ILS jouiront, à compter du jour de la date de leurs quittances
de finance, chacun de trente mille livres de gages par chacun
an, tant en exercice que hors d'exercice ; & dans l'année de leur
exercice, de taxations fur les dépenfes que nous ordonnerons,
lefquelles taxations nous avons fixées & fixons à fix deniers pour
livre fur les dépenfes qu'ils feront jufqu'à concurrence de fix
millions, & à deux deniers pour livre fur toutes celles au-delà
defdits fix millions, à quelque fomme que lefdites dépenfes puiffent monter, tant en temps de paix qu'en temps de guerre ;
lefquels gages & taxations nous attribuons auxdits Tréforiers,
tant à raifon de leurs finances, que pour leurs frais de régie,
remifes d'argent en tous lieux que befoin fera pour le fait de
leurs charges, & autres frais & dépenfes généralement quel-
conques ; defquelles taxations que nous avons déclarées non-
fujettes à la retenue des quatre deniers pour livre, le fonds fera
fait auxdits Tréforiers avec celui des objets de dépenfes qu'ils
auront à faire, & dont ils feront emploi dans leurs comptes où
lefdits gages & taxations feront paffés & alloués fans difficulté,
dérogeant pour raifon defdites jouiffances à tous édits & ordonnances contraires.

V I I.

LESDITS Tréforiers recevront en notre Tréfor royal les fonds
que nous ordonnerons leur être remis pour les dépenfes de l'exercice de chaque année, & toucheront par les mains de qui il

appartiendra, dans les temps & de la manière accoûtumée, les sommes employées dans nos états, ou qu'aucunes de nos provinces ou villes doivent payer pour les fortifications des places de terre seulement; quant aux dépenses, elles consisteront non seulement dans tout ce qui composoit la précédente gestion desdits Trésoriers de l'Artillerie & des fortifications des places de terre seulement, mais encore dans les diverses natures énoncées dans l'état que nous en avons arrêté, & qui sera joint & annexé sous le contre-scel de notredit présent édit, sans que les Trésoriers de l'Extraordinaire des guerres puissent dans aucun cas s'immiscer dans lesdites dépenses, à peine de radiation dans leurs états au vrai & comptes, & de la restitution des taxations que ces dépenses leur auroient produites. Et réciproquement, voulons & entendons que toutes les dépenses, autres que celles détaillées dans ledit état, & qui pourroient paroître avoir ou auroient en effet rapport au service de l'Artillerie & du Génie, continuent, comme par le passé, d'être faites par lesdits Trésoriers généraux de l'Extraordinaire des guerres, sans que ceux de l'Artillerie & du Génie puissent en aucun cas s'y immiscer, aux mêmes peines de radiation dans leurs états au vrai & comptes, & de la restitution des taxations que ces dépenses auroient produites.

V I I I.

LES Trésoriers généraux de l'Artillerie & du Génie, jouiront, outre les gages & taxations que nous leur avons attribués par l'article VI, chacun de quatre minots de sel de franc-salé par année, & chacun dans leur exercice des mêmes droits de rôle sur les dépenses qui y sont sujettes, & que nous avons distraites de l'Extraordinaire des guerres, dont les Trésoriers dudit Extraordinaire des guerres ont jusqu'à présent joui en vertu de nos édits. Ils jouiront de plus du titre & qualité d'Écuyer, tant qu'ils exerceront lesdites charges, du droit de *Committimus* en notre grande Chancellerie, & autres honneurs, priviléges, exemptions, immunités, prérogatives & droits de toute espèce, dont ont joui, jouissent ou doivent jouir lesdits Trésoriers généraux de l'Extraordinaire des guerres, à l'instar desquels ils sont créés; & il leur sera fourni toutes escortes nécessaires, & sans frais, pour la conduite des deniers qu'ils auront à faire voiturer pour le fait de leur charge. Voulons même que

leurs Commis jouiffent des mêmes priviléges, franchifes & exemptions dont jouiffent ceux defdits Tréforiers généraux de l'Extraordinaire des guerres.

I X.

Il sera par lefdits nouveaux Tréforiers, procédé aux payemens
qu'ils auront à faire fur les ordonnances qui en feront par nous
fignées & expédiées par le Secrétaire d'État ayant le département
de la guerre, fuivant & ainfi qu'il eft ufé & pratiqué pour l'Extraordinaire des guerres ; lefquels Tréforiers compteront pour
chaque année par état au vrai en notre Confeil, & par compte en
notre Chambre des Comptes, dans les mêmes formes, manières
& délais fixés pour lefdits Tréforiers généraux de l'Extraordinaire
des guerres, par nos édits, déclarations ou règlemens fur ce in-
tervenus, dérogeant expreffément par le préfent édit à tout ce
qui pourroit avoir été jufqu'à préfent ordonné, fur l'ordre & la
forme du maniement & de la comptabilité des recettes & dépenfes
concernant l'Artillerie en faveur des grands Maîtres & Capitaines
généraux de l'Artillerie ou autres, par quelques titres que ce foit,
accordés par nous ou par les Rois nos prédéceffeurs, entre les
mains defquels nouveaux Tréforiers nous laifferons chaque année
la fomme de quinze mille livres, dont dix mille livres pour les
épices, & cinq mille livres pour les façons, vacations & frais de
reddition de leur compte.

X.

Défendons auxdits Tréforiers généraux de l'Artillerie & du
Génie, d'entrer ou d'avoir part, directement ou indirectement,
dans aucun traité d'affaires extraordinaires de finance de quelque
nature qu'elles puiffent être. Si donnons en mandement à
nos amés & féaux Confeillers les Gens tenant notre Cour de
Parlement, Chambre des Comptes & Cour des Aides à Paris,
que notre préfent édit ils aient à faire lire, publier & regiftrer,
& le contenu en icelui garder & exécuter felon fa forme & teneur :
Car tel est notre plaisir. Et afin que ce foit chofe ferme
& ftable à toûjours, nous y avons fait mettre notre fcel. Donné à
Verfailles au mois de mars, l'an de grace mil fept cent cinquante-
huit, & de notre règne le quarante-troifième. *Signé* LOUIS.

Et plus bas, Par le Roi, R. DE VOYER. *Visa* LOUIS. Vû au Conseil, BOULLONGNE. Et scellé du grand sceau de cire verte, en lacs de soie rouge & verte.

Registré, ouï, & ce requérant le Procureur général du Roi, pour être exécuté selon sa forme & teneur, sans que l'énonciation d'aucune déclaration qui n'auroit été registrée en la Cour, puisse être tirée à conséquence, ni suppléer au défaut dudit enregistrement, suivant l'arrêt de ce jour. A Paris, en Parlement, toutes les Chambres assemblées, le dix - sept mars mil sept cent cinquante - huit.
Signé YSABEAU.

Registrées en la Chambre des Comptes, ouï, & ce requérant le Procureur général du Roi, pour être exécutées selon leur forme & teneur, sans néanmoins que le Trésorier des fortifications supprimé, puisse recevoir le dernier tiers du remboursement de la finance dudit office, qu'après l'entier appurement & correction des comptes de ses exercices, & de ceux de ses prédécesseurs audit office, & pour jouir par les Trésoriers nouvellement créés de l'effet & contenu esdites Lettres, même de la dispense de donner caution, sans que ladite dispense puisse tirer à conséquence pour leurs successeurs; & à la charge qu'ils ne pourront s'immiscer dans les exercices & fonctions desdits offices, savoir, ledit Hocquart, qu'après avoir fait registrer en la Chambre la quittance de finance mentionnée auxdites Lettres; & ledit Michel qu'après avoir obtenu des provisions dudit office, & en avoir prêté serment en la Chambre en la manière accoûtumée: lesquelsdits Trésoriers nouvellement créés seront tenus de faire juger leurs taxations au grand bureau en la manière accoûtumée; & qu'au cas qu'il plairoit au Roi de désunir les comptes de l'Artillerie de ceux des Fortifications, les épices du compte de ladite Artillerie seront comme ci - devant arrêtées conformément au tarif confirmé par l'arrêt de la Chambre du premier juillet 1743; & celles des Comptes des fortifications, conformément à l'édit du mois de juin 1717, & autant dudit état des parties de dépenses concernant l'Artillerie & le Génie, attaché sous le contre-scel desdites Lettres, & déposé au Greffe de la Chambre pour y avoir recours en temps & lieu. Les Bureaux assemblés, le vingt mars mil sept cent cinquante-huit. Signé DUCORNET.

Registrées en la Cour des Aides, ouï, & ce requérant le Procureur général du Roi, pour être exécutées selon leur forme & teneur, sans que l'énonciation d'aucuns édits ou déclarations qui n'auroient été registrés en la Cour, puisse être tirée à conséquence, ni suppléer au défaut d'enregistrement. Fait à Paris en ladite Cour des Aides, les Chambres assemblées, le vingt - un mars mil sept cent cinquante - huit. Collationné. Signé DESORMES.

ÉTAT des parties de dépenses concernant l'Artillerie & le Génie, qui seront payées par les Trésoriers généraux du Corps Royal de l'Artillerie & du Génie, chacun en l'année de leur exercice, en exécution de l'article VII de l'édit de création de leurs charges, du mois de mars 1758.

LA solde, masse, ustensile, fourrages, recrues & étapes aux recrues des bataillons du régiment Royal-Artillerie, des compagnies de Mineurs & d'Ouvriers qui sont à leur suite.

Les appointemens, tant ordinaires qu'extraordinaires, dans les places & en campagne des Officiers du Corps Royal de l'Artillerie & du Génie.

Les appointemens ordinaires & extraordinaires, gages, soldes, gratifications & salaires de tous Officiers, Commissaires, Canonniers, Charrons, Charpentiers, Fondeurs, Déchargeurs, Capitaines, Conducteurs de charrois, Tentiers, Tonneliers, Manouvriers, Pionniers du parc & de batteries, gens de métier & tous autres suppôts ordinaires & extraordinaires de l'Artillerie.

La levée & subsistance de tous les chevaux de timon ou de trait, haut-le-pied, mules, mulets, bœufs & équipages destinés au service & tirage de l'Artillerie; ce qui comprend la dépense de l'équipage, dit de réserve, soit que toutes ces dépenses se fassent par marché ou par régie & économie.

La dépense pour la fabrication, achat, radoub, remontage & entretien des canons, mortiers, coulevrines, pierriers, fusils, pistolets, bayonnettes, sabres, épées, espontons, pertuisanes, cuirasses, casques, bâtons & harnois de guerre, & généralement de toutes pièces d'artillerie, grosses ou menues, armes à feu, ou autres offensives & défensives, de quelque espèce qu'elles soient, avec leur attirail, garniture & dépendances.

L'achat, le transport, voiture & entretien des charriots d'Artillerie, affûts, chapes, tonneaux, barrils, brouettes, bois de charronnage & de remontage, madriers, leviers, grues, cris, constructions de batteries, sacs à terre, outils de toutes espèces, à Pionniers, à Ouvriers & autres, hottes, mannequins, matériaux, & généralement toutes les choses relatives à l'Artillerie & au Génie, nécessaires pour l'exécution des travaux des siéges & bombardemens de villes, forts, châteaux, redoutes & forteresses, ainsi que pour leurs rasemens & démolitions.

La construction & entretien de galiotes, galéasses, solde de Bateliers, Matelots & Ouvriers, leurs équipages, attirail, armemens & apparaux, pontons, bateaux, ponts de bateaux & de pontons & bateaux, ponts de bois de flotte & de tonneaux, radeaux & autres de toute espèce, estacades, cordages, bois, fer, clous, ustensiles & attirail à leur usage.

L'achat, tranſport & entretien des boulets, bombes, baíles, ſalpêtre, ſoufre, charbon, poudre de toutes ſortes, groſſes & menues, façon & compoſition d'icelles, cuivre, étain, plomb, fer, bois de remontage, pierres à fuſil, & toutes autres munitions & matériaux à l'uſage de l'Artillerie & du Génie.

La dépenſe de tous les travaux de fortifications des lignes à demeure, & leurs communications & tous autres remuemens de terre à faire dans les places, raſement & démolition d'icelles.

La conſtruction & réparation des chemins pour le paſſage particulier de l'Artillerie.

La conſtruction, réparation, loyers, entretiens annuels ordinaires & extraordinaires de magaſins & bâtimens à l'uſage de l'Artillerie, arſénaux, tant de Paris que des provinces, angards, fonderies, forges, fourneaux, moulins à bras & à chevaux.

Achats de terreins & maiſons pour des magaſins d'Artillerie, ainſi que pour les fortifications.

L'achat, voiture & tranſport des pierres, briques, bois, fers, outils & autres matériaux employés à la conſtruction, augmentation, réparation & entretien des fortifications des villes, citadelles, forts & châteaux appartenans à Sa Majeſté, la démolition des places & fortifications, le déblai & tranſport des matériaux & autres remuemens des terres.

Les appointemens ordinaires & extraordinaires, gages, ſolde, gratifications de tous Officiers, Commiſſaires, Entrepreneurs, Ouvriers, Manouvriers, Pionniers & autres gens y employés, & toutes autres dépenſes des ſuſdites conſtructions, augmentations, réparations & entretiens des fortifications ou de leurs démolitions.

FAIT & arrêté à Verſailles, le quatre Mars mil ſept cent cinquante-huit. Signé *R. DE VOYER.*

Joseph Guillaume par la Grâce
de Dieu Evêque de Basle Prince du St. Empire &c.

A Tous ceux qui ces présentes Lettres verront Salut,
ayant vü et examiné la Capitulation Conclue, arrêtée
et Signée en Notre Nom, le 24. février de la présente année
par Notre cher et bien amé frère Le Baron Rinck de
Baldenstein, en vertu du plein pouvoir que Nous lui
avions donné pour cet effet avec M. Le M[arqui]s de Chavigny
Comte de Toulonjon, Baron Duchon Seigneur de
Bordeaux, de St. Simphorien et autres lieux ambassadeur
du Roy très chrétien près du Louable Corps helvétique
pareillement Muny de ses pleinpouvoirs de laquelle
Capitulation la teneur S'ensuit

M. Le Prince Evêque de Basle désirant affermir
de plus en plus l'Alliance qui subsiste entre les Roys et lui,
auroit fait connoître à Sa Ma[jes]té par Son ambassadeur en
Suisse les dispositions où il est d'avouer pour le service de
Sa Ma[jes]té, un régiment Resolu des Regimens Suisses qui
Sont en France consistant en 12. Compagnies qui seront
levées de bonne volonté dans le pais de Sa Souveraineté &c.

Sa Majesté ayant receu avec Satisfaction une
preuve aussy Signalée du zèle de ce Prince pour Ses
Interêts, Elle auroit en consequence envoyé Ses pleinpouvoir
à Son Ambassadeur en Suisse pour convenir des
arrangemens a prendre pour regler la Capitulation dud.
Regiment, contenant les articles Suivans, pour etre observés
de bonne foy et religieusement tant de la part de Sa Ma.té
que dudit Prince, Promettant, après qu'ils auront eté
ratifiés, de raporter Les lettres de ratification dans le terme
de Six Semaines

Article premier

Le Regiment que M. Le Prince Evêque de Basle
S'engage de donner au Roy Sera levé de bonne Volonté
dans Ses terres et Pays dependans de la Souveraineté demoni
S.r Le Prince Evêque de Basle, et avoué par luy tant en
Son Nom que pour Ses Successeurs. Le Commandement en
Sera donné au Baron d'Eptingen chevalier et commandeur
de l'ordre Teutonique, et il Sera composé de douze

Compagnies equippées, armées et habillées comme les
autres Regimens Suisses actuellement au service de Sa
Majesté et il aura fait les Etats pour quartier d'assemblée

2

La Levée dud. Regiment commencera du premier
Mars prochain, pour chacune des douze Compagnies
qui le composeront Complettes de cent vingt hommes
au premier Septembre Suivant Sa Maté ayant bien
voulu accorder ce terme pour cette Levée

3.

Il Sera avancé à chaque Capitaine pour la Levée
de Sa Compagnie la Somme de 6000.tt Dont la rétenue
Luy Sera faite en douze mois dans le tour de la première
Année depuis la Levée dudit Regiment achevée C'est à dire
a Commencer du premier Septembre de l'année presente
a raison de cinq cent Livres par mois

4

Il Sera paié pour chaque homme conduit au lieu

d'assemblée, trente Livres de france pour tenir
lieu deconduitte et pour tous autres frais

§

Cependant pour mettre Les Capitaines enetat deBien
former leurs compagnies, et leur donner d'ailleurs les
moyens d'entretenir et d'avoir aleurs Troupes dez le
Commencement deLa Levée les officiers suivant le
Nombre fixé dans les compagnies des regiment Suisses
Sa Mat. fera pour achacun des Capitaines des
Compagnies deceregiment vingt cinq payes degratiffica
Suolepied deSeize Livres chacune a Compter dujour
quil y aura vingt hommes aLa Compagnie Jusquau
Nombre dequatre vingt dix, et dés quil y aura quatre
vingt dix hommes aune compagnie le Capitaine touchera
les trente deux payes degratiffication quilui Sont attribuées
bien entendu quela Compagnie Sera a cent vingt hommes
effectifs auterme fixé pour le Complet dudit Regiment
par l'article 2.e delapresente Capitulation.

6.

Sa Maté conservera ce regiment à son service tant pendant la guerre que pendant la paix; et il ne sera sujet qu'aux mêmes réductions qu'elle croira devoir faire dans les autres régiments suisses qui sont en France, devant en tout leur être assimilé

7.

Les Compagnies ne seront présentement ny à l'avenir attachées à aucune famille et ne seront point héréditaires, mais lorsqu'elles deviendront vacantes le Roy en disposera en faveur des officiers qui se seront rendus recommandables par leur ancienneté ou leurs bons services

8.

Le Commandement du regiment sera toujours donné à un des sujets noble de Mr le Prince Évêque de Basle, et le Roy en disposera lorsqu'il sera vacant avoir égard aux recommandations qui pourront lui être faites par le d. Prince Évêque ce qui pourroit même avoir lieu pour les

autres Employs pour lesquels les Sujets dudit Prince
et ceux qu'il voudra recommander a Sa Majesté
Seront preferés, autant que le bien du Service le permettra

9

Le Regiment jouira de tous les privileges exemptions et
prerogatives attachées aux autres regimens Suisses en France

10

Mr le Prince Evèque de Basle permettra la levée
dans les Etats de touttes les recrües necessaires tant pour
entretenir les compagnies dud. Regiment, que pour les
Completter Sur le pied fixé par Sa Maté pourvu qu'elles ne
Soient point portées au dela de deux Cent hommes, Le
regiment restant sur le pied de douze compagnies

11

La retenüe des quatre deniers pour Livre aura lieu
Sur le payement de ce regiment ainsy qu'elle se fait Sur
touttes les Troupes du Roy et pour le même objet. En

Conséquence led. Regiment participera aux
gratiffications qui s'accordent juste. Lesd. officiers et les
officiers et Soldats Seront reçus à l'hotel des Jnvalides
lorsqu'ils Seront dans le cas, Si mieux N'aime Sad. Mat.
leur accorder des pensions pour leur tenir lieu delad.
retraite

12.

A l'Égard de l'Usage deced. regiment Md. Prince —
Evesque de Basle reserve le St. Siege et le pape, l'empereur
et l'Empire en corps, les pais hereditaires de la serenissime
Maison archiducale d'autriche Compris dans l'union
hereditaire, et les alliances et accords qu'il a avec le
Corps helvetique il ne pourra non plus Servir hors de
l'Europe

13.

Led. Roy a bien voulu consentir que l'un des deux
bataillons dudit regiment Soit alternativement mis en
quartier ou garnison chaque année en tems de paix dans
les Etats de M. Le Prince Evesque de Basle

En foy dequoy. Nous Theodore de Chavigny Comte de

Toulonjon & Ambassadeur du Roy pris du
Louable Corps helvetique et Nous Bann de Rinck
de Baledenstein deputé de Mle S... Lsuque de Sarle
apres nous être respectivement communiqué nos plein
pouvoirs avons signé la presente Capitulation quelle
scellé du seau de nos armes fait double entre Nous -
a Soleure le vingt quatre fevrier mil sept cent cinquante
huit Signé de Chavigny et Rinck de Baledenstein

Ratiffié a Porrentruy le dix neuf mars mil sep.
Cent cinquante huit Signé Joseph guillaume et plus ba.
par l'ordre de son altesse f. Becrler. /